AF455445

A Monsieur Léopold Delisle
hommage respectueux de
Ph. Tamizey de Larroque

PRÉFECTURE DE LOT-ET-GARONNE

MONOGRAPHIES HISTORIQUES

PUBLIÉES

SOUS LES AUSPICES DU CONSEIL GÉNÉRAL DE LOT-ET-GARONNE

NOTICE

SUR LE

PRIEURÉ DE SAINTE-LIVRADE

D'APRÈS UN MANUSCRIT INÉDIT DE LA BIBLIOTHÈQUE IMPÉRIALE

PAR

M. PHILIPPE TAMIZEY DE LARROQUE

AGEN

IMPRIMERIE DE PROSPER NOUBEL

M. DCCC. LXIX

Préfecture de Lot-et-Garonne.

NOTICE

SUR

LE PRIEURÉ DE SAINTE-LIVRADE,

D'après un manuscrit inédit de la Bibliothèque Impériale.

La Bibliothèque Impériale possède, sous le nº 12,678 de ce fonds latin, dont M. Léopold Delisle a rédigé le Catalogue avec tant de zèle et tant d'habileté,[1] un volume qui appartient à une série formée de documents relatifs à l'histoire des établissements de l'Ordre de Saint-Benoît, et intitulée *Monasticon Benedictinum*. Ce volume renferme (de la page 222 à la page 241) un *Abrégé de l'Histoire du prieuré de Sainte-Livrade*,[2] auquel son auteur, dom Gaspar Dumas, moine bénédictin de la Congrégation de Saint-Maur, a pris soin d'assigner la date du 12 mars 1712.[3] Le bon

---

[1] J'ai eu l'honneur de rendre compte, dans la *Correspondance littéraire* du 25 mai 1864, de l'*Inventaire des manuscrits conservés à la Bibliothèque Impériale, sous les numéros* 8823-11503 *du fonds latin*, publié par M. L. Delisle en 1863, et c'est avec joie que, me faisant l'interprète de tous les travailleurs, j'ai remercié l'éminent paléographe d'avoir mis dans nos mains un fil conducteur si précieux.

[2] Voici le titre complet : *Abrégé chronologique de l'histoire du prieuré de Sainte-Livrade d'Agenais (congrégation de Saint-Maur, Ordre de Saint-Benoît), où il est parlé de la fondation et des principaux événements du Monastère, le tout tiré des chartes du monastère et d'autres anciens monumens*, par un Religieux de la congrégation de Saint-Maur.

[3] A la suite, on trouve des notes très-succinctes d'un devancier de dom Dumas : *Sinopsis rerum memorabilium monasterii sanctæ Liberatæ, martiris, Agennensis diœcesis, Ordinis Sancti Benedicti, congregationis sancti Mauri* (de l'année 1717 à l'année 1655), travail signé *F. Stephanus de Laura*, et portant la date du 24 juin 1698 (On aimait les dates précises à Sainte-Livrade.) Le même Etienne de Laura mit en français ce rapide résumé sous ce titre : *Mémoires du Prieuré de Sainte-Liberate en Agenois, tirés de ses titres*, et il le remit à dom Jacques Fabry, sous-

moine espérait sans doute que son *Abrégé* serait appelé à affronter l'épreuve de la publicité, car le manuscrit semble prêt pour l'impression. Copié en quelque sorte avec coquetterie, il est symétriquement divisé en douze chapitres, précédés d'un avant-propos et suivis de la table que voici :

Avant-Propos.

Du dessein général de cet ouvrage et de l'origine des Prieurés.

Après avoir attentivement lu le manuscrit de dom Dumas, je me suis demandé si la publicité qui lui avait été refusée de son vivant, devait lui être refusée à perpétuité. Un moment j'ai été tenté de livrer à l'impression l'opuscule tout entier, mais j'ai été bientôt arrêté par la crainte d'imposer un trop pénible supplice aux plus courageux lecteurs. Dom Dumas, en effet, écrit d'une façon déplorable : il est lourd, vulgaire, prolixe surtout, et, en somme,

---

prieur de Sainte-Livrade, le 27 juillet 1703. Ces deux essais tiennent dans cinq pages (p. 243-247).

prodigieusement ennuyeux. Tout le monde aurait maudit la *stérile abondance* de ses périphrases et de ses répétitions, et peut-être l'éditeur aurait-il partagé avec l'auteur les imprécations ou du moins les dédains du public. Je me suis donc décidé à donner ici seulement soit des extraits, soit principalement pour les derniers chapitres, une rapide analyse du travail du bénédictin (*Minuere monachum*). J'aime à penser que, grâce à ces précautions, on profitera sans trop de fatigue des renseignements recueillis par dom Dumas et que je n'ai pas toujours en vain cherché à compléter.

INTRODUCTION.

Dom Dumas exprime l'espoir, au début de son introduction, que « les curieux de l'antiquité souffriront qu'il fasse une petite digression au sujet de l'origine des prieurés. » De la digression, qui n'est pas si petite, il résulte que l'origine des prieurés remonte à l'année 590, qu'on les appelait autrefois *Laure*, ce qui veut dire « une multitude de cellules éloignées les unes des autres où demeuraient des religieux qui vivaient sous un supérieur. » D'après quelques auteurs, ajoute-t-il, les prieurés étaient anciennement appelés *Celles*, et « n'étaient autre chose qu'une filiation dépendante d'une abbaye, selon le témoignage du pape Zacharie qui commença à gouverner l'église l'an 742.[1] » Dom Dumas donne beaucoup de détails très-embrouillés sur ces petits monastères, et il avoue lui-même qu'il s'est « un peu étendu » en toutes ces explications. Il ajoute avec une plaisante bonhomie : « Je m'arrêterais volontiers, mon cher lecteur, à vous dire encore plusieurs choses de l'origine des prieurés, mais je les omets exprès parce que je me vois pressé de vous raconter l'origine du prieuré de Sainte-Livrade d'Agenois, ses progrès et ses événemens, de sorte que si vous voulés avoir une exacte connaissance de son commencement et de sa durée, vous n'avés qu'à lire ce qui suit. »

Chapitre Ier.

Description du lieu et situation du prieuré de Sainte-Livrade d'Agenois.

Ce chapitre étant très-court, je vais le reproduire à peu près en entier, ne serait-ce que pour donner une idée de la manière de l'auteur :

« Le lieu où est à présent le monastère de Sainte-Livrade que

---

[1] Saint-Zacharie fut élu pape le 28 novembre 741.

la nature semblait n'avoir destiné que pour être une lande et la retraite des bêtes sauvages, devint le séjour et la demeure d'un grand nombre d'hommes qui y bâtirent la ville qu'on voit aujourd'hui. La terre qui n'était au commencement qu'une forêt immense prit une autre forme. Les bois abbatus firent place aux champs, aux pâturages, aux hameaux, aux bourgades, et enfin aux maisons de campagne. Le pays n'avait rien de considérable que la bonté du terroir et une situation extrêmement agréable et avantageuse. Tous ceux qui le considèrent y ont du plaisir, et jugent qu'on aurait de la peine de trouver un lieu qui fût si bien placé où la beauté, l'agrément et la fertilité fussent si favorables aux habitans. Le prieuré et le monastère (*sic*) sont situés sur la rivière du Lot, sur une petite élévation par rapport au lit de ce fleuve qui le rend assuré contre les inondations fréquentes de ses eaux provenantes des débordements des pluyes. Son élévation le rend aussi agréable qu'on sçauroit souhaîtter. Il est exposé à la veue d'une très-belle et fertile campagne qu'on découvre sans peine de toute part, laquelle est accompagnée de tout ce qui peut rendre un lieu délicieux. On voit du haut de ses fenêtres la rivière du Lot navigable... Au-delà de cette rivière on ne voit que des champs aussi agréables par leur beauté, que pour leur abondante moisson; et ce qui rehausse et enrichit ce terroir estimable, ce sont des tertres et des vignobles qui commencent à s'élever peu à peu à demye lieue pour les plus éloignés, et qui représentent comme un raccourci tout ce qu'il y a de plus beau dans la plaine. Il est à croire que toutes ces charmantes beautés qui rendent ce lieu si agréable et si délicieux, irritèrent les Anglois qui subjuguèrent cette province d'Aquitaine d'y bâtir un château qu'ils nommèrent *Castrum Richardi*, le château de Richard, afin de retenir dans la crainte et dans l'obéissance tout le pays qui leur était sujet, et certainement ils ne pouvaient mieux réussir tant à cause de l'aspect du lieu, où est à présent le château duquel on découvre tout le pays qui l'entoure, qu'à cause de sa situation et de son éminence qui le rendoit assuré dans les plus grands dangers des guerres civiles... »

Chapitre II.

De l'origine du prieuré et fondation du Monastère, et qu'elle fut son occasion.

Je crois, dit dom Dumas, que je ne sçaurois mieux réussir dans la description de ce chapitre que d'exposer au naturel les propres paroles qui sont couchées dans l'acte de la donation de l'église de Sainte-Livrade d'Agenois, vierge et martyre, qui fut donnée aux religieux bénédictins de l'abbaye de La Chèze-Dieu, par les chanoines séculiers qui desservaient l'église de cette sainte, ce qui arriva l'an de Notre Seigneur 1117 et le cinquième des calendes du mois de mars.[1]

Après d'interminables considérations générales, dom Dumas se décide à tenir sa promesse et à transcrire le document par lequel Ysarne, doyen du chapitre de Sainte-Livrade, et les autres chanoines donnèrent ladite église à l'abbaye de La Chaise-Dieu. Voici cet important document :

« Opera pretium est præsentibus clementis perenni memoriæ tradere, quod anno ab incarnatione Domini millesimo centesimo decimo septimo quinto kalendas martii communis conventus clericorum Sanctæ Liberatæ in communi capitulo, solo timore, et amore Dei, nulla alia existente causa, concedimus et donamus ecclesiam Sanctæ Liberatæ cum omnibus pertinentiis suis, Beato Roberto et Abbati Stephano,[2] et monachis Casæ

---

[1] Je n'ai sans doute pas besoin de dire que la fondation du prieuré de Sainte-Livrade par Charlemagne n'est qu'une fable grossière, et que seul au monde pouvait accepter, de nôtre temps, un historien qui a osé reprocher à l'abbé Baurein, si judicieux et si clairvoyant, de manquer de discernement et de critique, qualités dont lui-même était hélas ! si complétement dépourvu. Je veux parler de l'abbé O'Reilly qui, dans la seconde édition de son *Histoire de Bordeaux* (tome I, 1863, page 668), se constituant, ce qui ne m'étonne pas, le défenseur d'une opinion qui a contre elle l'autorité de la chose jugée, et je puis ajouter, l'autorité de l'évidence, s'écrie au sujet du *Château royal de Cassignol :* « Mais il y a encore une autre preuve c'est un monument ancien, témoin silencieux, mais éloquent : c'est l'église de Sainte-Livrade qui fut bâtie par Charlemagne en l'honneur de *Sainte Liberata*, en reconnaissance de la grâce que Dieu avait faite à son épouse d'une heureuse délivrance. »

[2] L'abbé Etienne de Mercœur. Voir sur cet abbé, ainsi que sur tous ses successeurs, l'*Histoire de la Chaise-Dieu* par dom Gardon, manuscrit placé à la Bibliothèque Impériale, dans le fonds latin sous le numéro 12777. Un homme qui a travaillé avec une intrépidité en quelque sorte proverbiale à réunir les matériaux d'une histoire définitive de l'Auvergne, sa province natale, M. Crouzet, copiait, près de moi, l'ouvrage de dom Gardon pendant que je copiais celui de dom Dumas, et il avait l'intention de publier bientôt cette monographie, qui est excellente, et qu'il lui aurait été si facile de richement annoter. Malheureusement M. Crouzet est mort peu de temps après, et je ne sais ce que sont devenus les milliers de documents

Dei præsentibus atque futuris, ut eam habeant, regant atque possideant jure perpetuo. Cum ipsis autem tali federe jungimur, ut si cui canonicorum ad regularis vitæ disciplinam committi placuerit benigne recipiatur. Qui vero noluerint sanctæ fraternitatis affectione a monachis diligantur, et quotidiana sibi præbenda solitis temporibus honestissime præbeatur. Cum vero mortui fuerint honorifice tumulentur, et breve unius cujusque defuncti casæ Dei per monachos deferatur, ubi missas et orationes, ac si monachi essent funditus consequantur. Infirmis autem eadem cura, quæ et sanis nihilominus impendatur. Nec unquam quilibet canonicus in ecclesia augeatur.

Ego Arnaldus cognomento Companicus subscripsi. †

S.[1] Ebrardi, sacerdotis. †
S. Bernardi, sacerdotis. †
S. Raymondi, sacerdotis. †
S. Stephani, sacerdotis. †
S. Raynaldi, sacerdotis. †
S. Geraldi, sacerdotis. †
S. Raymondis Ranfredy. †
S. Brunonis de Sylva. †
S. Bernardi Escapati. †
S. Guidonis de Calunzo. †
S. Bernardi de Reida. †
S. Bernardi de Podio. †

S. Gastionis de Sancto-Cosma. †
S. Grimoaldi de Campania. †
S. Arnaldi Joannis. †
S. Guillelmi Seguini. †
S. Guillelmi Arnaldi. †
S. Arnaldi de Podio. †
S Guillelmi de Molinetis. †
S. Stephani. †
S. Jacobi. †
S. Forteti. †
S. Poncii Amanæi qui dicitur Abbas. †
S. Ysarni, decani.
S. Guillelmi, sacristæ.

« His igitur ita peractis petivimus misericordiam pro parentibus et consanguineis nostris, et canonicis ecclesiæ nostræ defunctis quam per gratiam taliter consecuti sumus, ut omnibus annis in perpetuum prima die Quadragesimæ anniversarius dies eorum devotissime celebretur quatenus omnipotens Deus animabus eorum misereri dignetur.

« Testes sunt Robertus presbyter qui cognominatur Aviseres, Raymondus de Podio Delfini, et Raymondus de Canuis milites, Bernardus de Manso, et Robertus de Nonede, et Ugo de Canuis monachi, qui quidem hoc donum susceperunt, et alii innumerabiles viri. Hæc autem carta

---

transcrits par lui à la Bibliothèque de la rue Richelieu et aux Archives de l'Empire. Puissent-ils n' être pas perdus ! je voudrais qu'on les réunit, dans la bibliothèque de Clermont, à la riche collection formée par Dulaure.

[1] *Sigillum*, sceau.

mox ut facta est in communi capitulo perlecta est, interrogante lectore, si laudaremus, tertio ab omnibus nobis responsum est laudamus.[1] »

Dom Dumas ajoute : Parce que Hildebert, évêque d'Agen,[2] n'approuvait pas cette donation, l'abbé Etienne eut recours au pape Calixte second qui passa par Agen l'an 1120, pour aller à Toulouse, et s'estant prosterné aux pieds de ce père commun des fidèles, il le supplia très-humblement d'approuver la donation qu'on venait de faire. Le souverain pontife l'ayant écouté rendit grâce au Seigneur dont il estoit le vicaire en terre, et fit agréer sa résolution à l'évêque qui estoit auprès de luy. Hildebert persista encore quelque temps dans son premier sentiment, mais adouci par quelques prières que luy fit le pape, il consentit à ce que désiroient les chanoines.[3] Calixte continua son chemin. Estant arrivé à Toulouse, il expédia la bulle suivante :

Calixtus episcopus servus servorum Dei, etc.[4]

La susdite bulle, poursuit dom Dumas, est confirmée par un

---

[1] Ce document a été recueilli par Labenazie, dans son *Histoire du diocèse d'Agen*, page 247 du second volume du manuscrit que possède M. B. Martinelli et qu'il a eu l'obligeance de mettre à ma disposition. Mais le texte donné par Labenazie n'est pas très-pur. La première ligne manque; *decimo septimo* est inexactement remplacé par *decimo sexto*; *clericorum* a été oublié; *cedimus* a été substitué à *concedimus*, etc. Enfin, la dernière phrase et les noms des signataires n'ont pas été reproduits. En somme, on le voit, la copie est incorrecte autant que tronquée.

[2] Plus connu sous le nom d'Aldebert, ce prélat siégea de 1117 à 1129.

[3] Rien, dans cette version, ne ressemble à ce que raconte M. de Saint-Amans (*Histoire ancienne et moderne du département de Lot-et-Garonne*, tome I, à l'année 1118), des contestations à main armée entre les deux monastères de la Chaise-Dieu et de Sainte-Livrade, et de l'intervention du roi de France en faveur de ce dernier établissement, intervention qui n'eut lieu, en d'autres circonstances, qu'au milieu du siècle suivant (1248), comme on le verra plus loin (chapitre V.) Ainsi que M. de Saint-Amans, qu'il suit trop souvent, M. Samazeuilh (*Histoire de l'Agenais, du Condomois*, etc., tome I, à l'année 920), a eu le tort de prétendre que ce fut saint Robert qui fonda le prieuré de Sainte-Livrade. — Voir, pour la fondation du prieuré, pour les circonstances qui suivirent cette fondation, et pour la description de l'église de Sainte-Livrade, l'*Histoire religieuse et monumentale du diocèse d'Agen*, par M. l'abbé Barrère, tome I, pages 312-316.

[4] Voir cette bulle *in extenso* dans le *Gallia Christiana*, tome II, aux *instrumenta*, colonne 428. Elle a été plus fidèlement transcrite dans l'ouvrage de Labenazie (page 248), que la précédente pièce.

acte authentique donné par Guillaume, huitième du nom,[1] duc d'Aquitaine, qui avait épousé Emme ou Eimine, fille unique de Guillaume, comte d'Arles et de Toulouse,[2] et frère de Raymond de Saint-Gilles, tandis que l'abbé Estienne gouvernait l'abbaye de La Chèze-Dieu. Le duc souverain d'Aquitaine, pénultième du nom, se recommanda aux prières de ce très-digne abbé, et à celles de ses religieux ; il leur fit la grâce de leur accorder des lettres patentes pour les maintenir dans la puissance de leurs droits et de leurs biens. Il les maintint aussi dans la possession de l'église de Sainte-Livrade nouvellement donnée par les sus-dits chanoines. Les lettres expédiées pour ce sujet sont du mois d'avril 1122.[3]

Chapitre III.

Des droits tant spirituels que temporels du Monastère de Sainte-Livrade.

Dom Dumas croit pouvoir affirmer sans crainte que l'église de Sainte-Livrade « a été avantagée avec autant de magnificence des privilèges et droits spirituels qu'elle l'a été des biens temporels. » Le premier et le plus considérable de ses privilèges, c'est qu'elle est exempte de la juridiction épiscopale, et que le chapitre régulier qui la dessert ne reconnaît d'autre supérieur que le souverain pontife. Le pape Luce III, d'heureuse mémoire, lui accorda ce privilége par une bulle du 6e jour des calendes d'avril 1184.[4] Dom Dumas cite seulement une partie de cette bulle adressée à l'abbé Lantelme (*Lantelmo,*[5] *abbati Casæ Dei*). Il semblait, ajoute-

---

[1] Ou plutôt Guillaume IX, né, d'après l'*Art de vérifier les dates*, le 22 octobre 1071, mort le 10 février 1127. C'est un de nos plus anciens troubadours. M. Paul Meyer publiera bientôt tous les vers qui nous restent de lui.

[2] Cette fille de Guillaume IV, comte de Toulouse, s'appelait Philippe ou Mathilde. Elle fut mère de Guillaume X, le dernier duc d'Aquitaine.

[3] Je ne donne pas ici ces lettres que l'on trouvera aux *instrumenta* du tome II du *Gallia Christiana*, colonne 429.

[4] La bulle de Lucius III n'est ni rapportée, ni même mentionnée par Labenazie ; elle a été traduite par M. l'abbé Barrère, d'après un titre conservé dans les archives de l'évêché d'Agen (tome I, page 338.)

[5] M. l'abbé Barrère l'appelle *Lancelme* (*Ibidem*). Lantelme devint plus tard évêque de Valence (1186-7 juin 1188.) Voir *Notice chronologico-historique sur les évêques de Valence, d'après des documents paléographiques inédits*, par l'abbé Chevalier, 1867, page 8. M. Jules Marion a oublié de nommer Lantelme dans la liste des

t-il, qu'après cela le monastère de Sainte-Livrade ne devait rien craindre sur ce point de la part des évêques d'Agen, néanmoins « les anciens titres originaux de nos archives à moy exhibés font mention qu'un prélat de ce chapitre avec ses chanoines qui vivaient tous l'an 1242,[1] formèrent action pour raison de cette indépendance. Il est certain que les religieux, appuyés de l'autorité de l'abbé de La Chèze-Dieu, furent maintenus dans leur droit plus que centenaire. Il est dit que Blanque, prieur titulaire régulier, essuia force persécutions pour ce sujet, parce que l'évêque d'Agen et ses chanoines prétendaient non seulement à la nomination des bénéfices et cures du prieuré, mais mesme que le prieuré leur appartenait. Ce différend eut de grandes suites, et dura longtemps. » Néantmoins Blanque crut que son église devait reconnaître celle d'Agen, et il promit de payer chaque année à l'évêque d'Agen, le jour de l'Invention de Saint-Etienne, patron de la cathédrale de cette ville, « un mirabutin d'or, évalué dix sols, monnoye d'Agen.[2] Ledit hommage, poursuit dom Dumas, se paye encore annuellement... Par cette petite redevance, les prieurs de Sainte-Livrade se sont toujours maintenus patrons des bénéfices et cures qui dépendent du prieuré. »

L'auteur rappelle ensuite qu'un arrêt fut donné, l'an 1709, par le parlement de Bordeaux, contre la prétention de l'évêque et comte d'Agen, messire François Hébert,[3] en faveur du prieur de Sainte-Livrade qui fut déclaré le véritable patron, tant de l'église de Saint-Paul-le-Vieux que de toutes les autres paroisses qui dépendent du prieuré énoncées dans la bulle de Lucius III. J'ay leu, dit encore dom Dumas, j'ay leu dans un autre arrest précédent donné aussi à Bourdeaux l'an 1662 que, nonobstant plusieurs collations de la part du dit seigneur évêque, le sieur Vignes, nommé à la cure de Sainte-Livrade par M. le prieur, fut maintenu,

---

évêques de Valence fournie par lui à l'*Annuaire historique pour l'année 1851, publié par la Société de l'Histoire de France* (page 134.)

[1] En 1242, c'était Arnaud de Galard qui occupait le siége d'Agen.

[2] Du Cange (*Glossarium mediæ et infimæ latinitatis*, V° *Marabotinus*) définit le mirabutin : une espèce de monnaie d'or espagnole. Il cite précisément, sous ce mot, un fragment de la charte par laquelle, en 1142, le 4 novembre, le prieur de Sainte-Livrade s'engage à donner *perpetuo, unoquoque anno, in die festo inventionis sancti Stephani Aginni, unum mirabutinum aureum, sive decem asses.*

[3] Hébert succéda à Mascaron en 1703 et mourut en 1728.

et le seigneur d'Elbène, évêque d'Agen,[1] condamné à cent pistoles s'il le troublait dans sa possession.

Passant aux droits et priviléges temporels, dom Dumas s'exprime ainsi :

« Il y avait anciennement dans la ville de Sainte-Livrade trois ou quatre seigneurs particuliers qui possédaient la justice haute, moyenne et basse par égales portions.[2] Le prieur de Sainte-Livrade en possédait une. Je trouve qu'elle appartenait anciennement à Monsieur le prieur en seul.

« Le premier appelé Roque, qui fut favorisé de cette autorité par Richard, roi d'Angleterre et souverain d'Aquitaine en l'an 1200,[3] jouissait de ce privilége comme on peut voir par les lettres patentes que ce prince expédia en sa faveur. Elles sont en langue vulgaire du pays. Le coutumier de Sainte-Livrade les rapporte.

« 1229. — Elle (la justice), appartenait en seul au prieur. Les anciens titres font foi de cette vérité : ils nous apprennent que, l'an 1229, Arnaud-Bernard de Villemur, Esclarmonde, son épouse, s'en étant emparés, Pierre de Collemer, vice-gérant du cardinal-diacre du titre de Saint-Ange, les obligea de la rendre au prieur... De plus, ils furent obligés de rendre les leudes[4] qu'ils avaient usurpés, savoir les cens, *sive* oblies, les fours, la faculté de tenir sept peissières (c'est-à-dire pêcheries) dans la rivière du Lot, avec

---

[1] Barthélemy d'Elbène administra le diocèse d'Agen de 1636 à 1663.

[2] Parmi ces seigneurs, je trouve, au XIVe siècle, un Noalhan. Voir à la Bibliothèque Impériale, collection Doat, tome 179, page 110, la permission donnée, en juillet 1370, par Amanieu d'Albret (le noble baron Monseigneur N. Amanieu, seigneur d'Albret et de Milhan, chevalier), à Amanieu de Noalhan, donsel seigneur de Sainte-Livrade, en sa partie, de bâtir une maison forte au lieu de Gaujac (Gaiacq), lequel lieu a été de tout temps dans la châtellenie et dans le détroit de la baronnie de Meilhan.

[3] On ne voit que trop, par cette erreur et par quelques autres, que l'*Art de vérifier les dates* n'avait pas encore été publié par les illustres confrères de l'auteur. Tout le monde sait qu'en 1200, Richard-Cœur-de-Lion ne pouvait accorder de priviléges à personne, car il était mort au château de Chalus le 16 avril de l'année précédente.

[4] Leude était le nom donné à toute espèce d'impôt. Le mot, d'après Diez et Littré, vient du mot provençal *leuda* qui vient lui-même du bas-latin *levitus* pour *levatus*, c'est-à-dire ce qui est levé ou plutôt (que le fisc me pardonne cette malice !), ce qui est enlevé.

toutes les choses qu'ils leur avaient enlevées dans les paroisses de Sainte-Livrade et de Saint-Martin, et le château que Mercader[1] avait bati hors les murs de Sainte-Livrade, sur le bord de la rivière, sous l'église de la paroisse de Saint-Martin qu'on appelait anciennement Saint-Martin de Maumiar. Le cardinal patron et protecteur du prieuré, confirma tout ce qu'avait fait en son nom son vice-gérant Collemer.

« 1244. — Guillaume Peyrin, abbé de Nant; Arnaud, abbé de Gaillac, et Bernard, abbé d'Eysses, arbitres pour l'abbé de La Chèze-Dieu, condamnèrent la dame Marquesie et son fils Mercadier à rendre hommage de respect et de fidélité à l'abbé de La Chèze-Dieu pour la quatrième partie de la grande et basse justice, comme aussi du péage de la terre de Sainte-Livrade, sous la redevance d'une paire d'éperons tous les ans.

« 1252. — Le noble baron Amanieu de Madaillan,[2] convient et avoue que le prieur de Sainte-Livrade et ses successeurs, possèdent la quatrième partie de la justice des bans et des forfaits de la ville de Sainte-Livrade, et qu'il lui est permis d'y établir un bayle et de recevoir le serment des consuls après qu'ils auront été élus.

« 1253. — Je trouve une sentence arbitrale du 17 des calendes de mai 1253, entre Pons-Amanieu et le prieur de Sainte-Livrade, par laquelle il est adjugé au prieur la moitié de la justice basse que ledit Pons avait dans Sainte-Livrade, de plus deux sols six deniers, *super quolibet clamore*, à prendre sur la moitié de la haute justice que ledit Pons-Amanieu avait dans Sainte-Livrade.

---

[1] Mercadier ou Mercader est ce fameux routier qui fut un des plus intrépides compagnons d'armes de Richard-Cœur-de-Lion. Il ne survécut pas longtemps à ce prince, ayant été assassiné à Bordeaux, le 10 avril 1200. M. Géraud lui a consacré une excellente notice dans le *Bulletin de la Société de l'Histoire de France.*

[2] Sur ce Madaillan et ceux qui suivent consulter l'article du *Moréri* de 1759. Il serait bien désirable qu'un consciencieux travailleur tel que M. de Laffore nous donnât les généalogies, si intéressantes au point de vue historique, des Madaillan, des Lusignan, des Montpezat et des Montferrand. Il y aurait là de quoi remplir un beau volume qui rendrait des services infinis à tous ceux qui voudraient s'occuper de l'Agenais. Si j'avais les grandes connaissances spéciales de M. de Laffore, cette quadruple tâche me tenterait singulièrement, et j'aimerais à couronner par là une publication comme celle du *Nobiliaire de Guyenne et de Gascogne.*

« 1255. — *Item*, le susdit Arnaud Amanieu vend audit prieur de Sainte-Livrade la moitié de la haute justice, avec tous ses droits et autres qui lui appartenaient dans la ville de Sainte-Livrade, pour la somme de septante-cinq livres tournoises.

« 1257. — *Item*, le mesme Amanieu vend à Arnaud de Gaillac, prieur de Sainte-Livrade, le droit d'exiger un impôt sur toutes les marchandises et denrées qui seront portées au marché de Sainte-Livrade, ou transportées de là ailleurs, pour le prix de cinq mille sols Arnaudéens,[1] y compris aussi la moitié des poids ou le droit de peser, tant dessus l'eau que sur la terre dans la juridiction de Sainte-Livrade

« 1273. — Je lis dans une ancienne convention fait entre Albert, abbé de La Chaise-Dieu,[2] d'une part, et Arnaud del Garn, de l'autre, que ce premier donne et accorde au second la jouissance de tous les revenus de la justice haute et basse pour sa vie seulement, du consentement du prieur, et ledit Arnaud del Garn, beau-frère du pape Clément V, et père de Bertrand del Garn, surnommé le cardinal de Sainte-Livrade, s'oblige à les remettre en la possession de la quatrième partie de la justice, du domaine et des peissières de la rivière du Lot.

« 1288. — Deux arbitres condamnent le noble Amanieu de Madaillan, seigneur de Cancon, à rendre à Jean Days, prieur de Sainte-Livrade, et à ses successeurs, les trois parties de la dime des paroisses de Saint-Pierre de Cailladelles, Saint-Paul-le-Vieux, Saint-Paul-le-Jeune et Lentillac.

« 1504. — Le 24 de janvier 1504, le seigneur de Montpezat[3] reçoit le serment de fidélité, conjointement avec le prieur de Sainte-Livrade, d'un nommé Jean La Fage, bayle établi cette année là pour régir la balive (c'est-à-dire la baillie), quoiqu'il

---

[1] La monnaie arnaudine ou arnaldine, monnaie spéciale du diocèse d'Agen, était inférieure d'un cinquième à la monnaie tournoise.

[2] Albert de la Mollette, qui mourut le 30 septembre 1282. Sous son long gouvernement, l'abbaye de la Chaise-Dieu fut plus florissante que jamais.

[3] En 1571, était seigneur de Sainte-Livrade, Honorat de Savoie, marquis de Montpezat, comme nous l'apprend un arrêt du Parlement de Bordeaux, du 16 mars de cette année, rendu contre le Syndic des habitants de cette ville et rapporté par Auguste Galland dans son traité; *Du franc alleu et origine des droits seigneuriaux* (Paris, 1637, in-4°. page 207.)

y ait des protestations du prieur contre le seigneur de Montpezat, alléguant que c'était la coutume que le bayle prêtait le serment de fidélité devant le prieur de Sainte-Livrade, et le sieur de Montpezat proteste qu'il ne veut pas se dépouiller de ses droits.

« C'est tout ce que j'ai pu trouver de plus certain dans les titres du Monastère qui m'ont été exhibés et communiqués en originaux par le procureur dom Fabien Ribet, qui m'a excité par sa franchise au petit ouvrage qui sort de mes mains sur cette matière. Je n'ay pu découvrir comment M. le Prieur ne jouit plus de la justice haute, moyenne et basse... »

Chapitre IV.

Des bénéfices dépendants du Monastère de Sainte-Livrade.

Dom Dumas signale tout d'abord, parmi les bénéfices dont jouissait son Monastère, un bénéfice perdu : « C'est le prieuré de Villebramar dans le diocèse d'Agen, distant de deux lieues de la ville de Sainte-Livrade.[1] Guillaume, abbé de La Chèze-Dieu, déclara, en faveur de Jean Galeti, religieux et prieur de Sainte-Livrade, que le prieuré de Villebramar était de la manse conventuelle de son Monastère. Cette sentence définitive fut prononcée et donnée dans l'abbaye de La Chèze-Dieu, et eut son plein effet l'an 1371, l'an premier du pontificat de Grégoire IX qui retourna à Rome et y remit le siége papal qui avait été à Avignon pendant l'espace de 70 ans.[2] Nous trouvons qu'il y avait autrefois deux religieux clercs du Monastère de Sainte-Livrade qui y faisaient l'office. Ce prieuré fut conféré à frère Pierre Montès, religieux de La Chèze-Dieu, l'an 1598, le 8e du mois de novembre, par M. René de la Ferté, conseiller et aumônier du roi, chanoine de la Sainte-Chapelle, vicaire-général pour le spirituel et temporel de messire Nicolas de Neufville, abbé commendataire de l'abbaye de La Chèze-Dieu, ordre de Saint-Benoît, par devant maistre Michel Brugière, notaire royal de la ville de Clermont-d'Auvergne, et Jean Bonnefez, clerc,

---

[1] La paroisse et commune de Villebramar appartient au canton de Monclar, arrondissement de Villeneuve-sur-Lot.

[2] En 1371, ce n'était pas Grégoire IX, mais bien Grégoire XI qui occupait le siége pontifical. Peut-être l'anachronisme de dom Dumas provient-il seulement d'un *lapsus calami*.

qui se signèrent dans l'original avec M. René, vicaire-général, avec M. Marchand, son secrétaire. J'ay tiré cet abrégé d'un ancien manuscrit envoyé de La Chèze-Dieu. Ce susdit prieuré est encore parroisse, à laquelle le prieur de Sainte-Livrade nomme. Ledit seigneur prieur, auquel appartenait la collation dudit prieuré, l'a perdue par un accident que nous ne savons point. »

Dom Dumas énumère ensuite les onze cures auxquelles le prieur de Sainte-Livrade a le droit de nommer, toutes mentionnées en ces termes dans la bulle de Lucius III : « Ecclesia Sancti Cypriani,[1] ecclesia d'Alès,[2] ecclesia Sancti Martini de Corillas,[3] ecclesia de Malcho, ecclesia de Villebramar, ecclesia de Lentilhac, ecclesia de Sancto Paulo et Avito, ecclesia Sancti Stephani de Falgeriis, ecclesia de Cailladelles,[4] ecclesia Sancti Martini de Maumiar.[5] »

« Il est à remarquer, dit dom Dumas, que l'onzième parroisse titrée du nom de Saint-Martin de Maumiar est la parroisse matrice de Sainte-Livrade. Les religieux y vont toutes les années chanter la grande messe, le jour de Saint-Martin, patron de cette première et antique parroisse. L'église subsiste encore au-dessus du port de Sainte-Livrade, joignant l'ancien château de Madaillan, dont on voit encore les tristes restes.

« Je porte icy, continue le chroniqueur, une petite preuve d'une collation faite par un prieur de Sainte-Livrade. Je trouve que dans la parroisse de Saint-Martin de Corillas, aujourd'huy sous le nom de la Maurelle, il y avait quatre prébendes auxquelles présentait M. de Cailladelle, seigneur, lequel faisait hommage à M. le Prieur de Sainte-Livrade. Le dit prieur ensuite les conférait de plein-droit. Un acte de sommation fait par messire Odouard de Le Feron, prieur de Sainte-Livrade, aux quatre chapelains de la Maurelle,

---

[1] L'église de Saint-Cyprien est nommée dans le pouillé du diocèse d'Agen, rédigé par Jean de Valier, au commencement du XVIe siècle, et analysé par M. Jules de Laffore dans le *Recueil des Travaux de la Société d'Agriculture, Sciences et Arts d'Agen* (tome VII, 1854) : Cette église faisait alors partie de l'archiprêtré de Pujols.

[2] L'église d'Alès figure dans le même pouillé (même archiprêtré.)

[3] Cette église porta, plus tard, le nom de Lamaurelle qu'elle garde encore. C'est une petite paroisse du canton de Sainte-Livrade.

[4] Paroisse du canton de Cancon.

[5] M. de Laffore (page 97 du *Recueil* cité), écrit Sancti-Martini de *Montmerard*.

nous apprend qu'il les fit avertir qu'ils eussent à lui payer une charge de bled et demye barrique de vin pour le droit d'hommage tout ainsi que les quatre chapelains, leurs prédécesseurs, faisoient. Il les requiert et les somme de prendre titre de luy comme le dit droit de collation luy appartient. Voici une preuve invincible : Le fondateur d'une de ces quatre chapelles, savoir celle de Sainte-Catherine de la Maurelle, déclare par son testament du 22 juillet 1522, qu'il laisse à une chapelle de la Maurelle douze livres de rente tous les ans, et que la collation de la chapelle appartient au seigneur prieur de Sainte-Livrade. Ce testateur est le noble Jean de Cours, seigneur de la Maurelle.[1] »

Suit cette véhémente tirade contre les habitants de Sainte-Livrade : « Je ne vois pas comment un droit si ancien, si bien acquis et confirmé par tant de souverains (la possession de l'église de Sainte-Livrade), puisse être révoqué en doute et disputé... Je suis surpris que les habitans et parroissiens de Sainte-Livrade par une vanité insupportable, et par une présomption sans exemple, osent dirent que la nef de la dite église leur appartient, mais de dire quel fondement ils ont pour établir leur vaine et folle prétention, c'est ce qu'ils n'ont jamais fait, ny ne sauraient jamais faire voir par aucun véritable titre de leur ville. Il me suffirait, pour les convaincre, de leur dire que n'ayant aucun acte pour appuyer leurs prétentions imaginaires, ils ne peuvent en aucune façon rien prétendre sur ce droit de possession d'église. Qu'ils fassent réflexion que les religieux leur accordent l'usage de la nef, et qu'ils devraient leur reconnaître cette grâce autrement qu'ils ne font pas. Ils devraient faire dans cette nef les réparations nécessaires ordonnées par le roi Louis XIV, heureusement régnant. Il a déclaré dans une de ses ordonnances que le curé primitif est particulièrement tenu aux réparations du chœur de l'église; les réparations de la nef appartiennent aux parroissiens. Or, les religieux sont les curés primitifs. Personne n'ose ouvertement leur contester cette qualité... »

Dom Dumas continue longtemps ainsi à s'escrimer, en faveur de son couvent, contre les récalcitrants paroissiens de Sainte-Livrade,

---

[1] Sur les de Cours, seigneurs de Teyssonnac et de la Maurelle, voir le premier volume des *Maisons historiques de Gascogne*, par M. Noulens, pages 314-316.

et il faut le reconnaître, l'indignation n'illumine son discours d'aucun de ces éclairs d'éloquence qu'elle fait jaillir si souvent. Je crois même que, s'il avait plaidé de cette façon la cause de ses confrères devant le plus patient de tous les juges, il l'aurait tant désespéré, que celui-ci n'aurait pu s'empêcher de le condamner aux dépens. Je n'emprunterai à la dernière partie de cet interminable chapitre [1] que deux passages, un sur les cloches, l'autre sur l'église primitive de Sainte-Livrade, ainsi que sur l'église de Saint-Sernin-d'Eysses et celle de Sainte-Catherine, à Villeneuve-sur-Lot :

« Les paroissiens n'ont que le simple usage des cloches qu'ils disent leur appartenir. La plus grande des deux est sans aucun caractère lisible. Je les ay veu tous effacés. Il y a sujet de croire qu'elle est aussi ancienne et peut-être davantage que la donation de l'église. Me sera-t-il permis de dire qu'elle est du temps de ces premiers chanoines séculiers, ce que je n'ay pas de peine à croire? Quant à l'autre qui est celle qu'on sonne aux agonies des malades, elle a esté donnée par un prieur commandataire. Il y a apparence qu'il en fit un don à l'église de Sainte-Livrade, puisqu'elle est dans le clocher de l'église prieurale. Ce fut M. de Leberon, évêque de Valence, en Dauphiné, prieur de Sainte-Livrade.[2] La cloche le reconnait pour celui qui la fit faire. L'inscription qu'elle porte est en ces termes que j'ay leu moi-mesme : Au nom de Dieu soit faite, et appartiens à la communauté de Sainte-Livrade, et suis esté faite par Charles de Leberon, évêque.— Ce prieur commendataire mourut l'an 1654. Ces deux grandes cloches dépendent de l'église prieurale. La conséquence est qu'elles lui appartiennent et aux religieux. Quant aux paroissiens, il est donc véritable qu'ils n'en ont que l'usage par rapport aux enterremens... Il serait fort extraor-

---

[2] « Je m'aperçois, dit naïvement et bien tard Dom Dumas, que je suis un peu trop long sur ces droits d'église tant spirituels que temporel. »

[1] Charles II Jacques de Gélas de Léberon, consacré à Toulouse en 1624, fit son entrée à Valence le 6 février de la même année. On l'a quelquefois confondu avec son parent et prédécesseur Pierre-André de Gelas de Léberon qui siégea de 1600 à 1621 et qui avait été lui-même précédé par Charles I de Gelas de Léberon (1580-1600). Ce fut Charles II, et non Charles I, qui, en 1638, fit élever dans la Cathédrale de Toulouse un tombeau à Jean de Monluc, son grand-oncle. On sait que François de Gelas, seigneur de Léberon et d'Ambres, avait épousé Anne de Monluc, sœur de Blaise et de Jean. (Voir l'*Histoire généalogique et chronologique*, du P. Anselme, tome II, page 290.)

dinaire qu'on ensevelit les morts dans une église sans qu'on sonnât les cloches qui sont dans le clocher de la même église. Il ne s'en suit pas de là que les cloches doivent appartenir aux parroissiens. Il faudrait donc dire que les cloches du chapitre d'Agen appartiennent aux parroissiens, parce qu'on les sonne à leurs enterrements, et qu'elles ne sont pas aux chanoines du chapitre. A-t-on jamais entendu un tel raisonnement ? »

« Il est à croire que les prédécesseurs et les ancêtres de nos parroissiens baptisés dans l'église de Saint-Martin de Maumiar qui est l'église matrice de Sainte-Livrade, n'avaient pas des sentiments si injustes et si ambitieux que ces messieurs du temps présent. Nous lisons dans un vieux registre écrit depuis plusieurs années, que les vicaires perpétuels de la parroisse de Sainte-Livrade faisaient leurs fonctions curiales dans l'église de Saint-Martin de Maumiar joignant le château de Madaillan. Les messieurs de la ville et parroisse de Saint-Martin ayant très-humblement supplié messieurs les anciens religieux de vouloir permettre à leur vicaire perpétuel de faire les fonctions curiales dans l'église de Sainte-Livrade, ce qu'ils firent tant à cause des incommodités des saisons que de l'éloignement de ladite église de Saint-Martin du port de Sainte-Livrade, ce qui leur était très-incommode et très-pénible pour aller entendre la messe de parroisse. Nous voyons une semblable permission donner aux parroissiens de Sainte-Catherine. Leur curé, avec ses paroissiens, obtint la mesme grâce que dessus. Il faisoit toutes ses fonctions curiales dans l'église de Saint-Sernin-d'Eisses, joignant l'abbaye d'Eisses. Dans la suite des temps, le curé de cette parroisse matrice de Sainte-Catherine de Villeneuve se changea dans cette ville avec la permission de l'abbé et religieux de cette abbaye, avec cette condition et promesse que les parroissiens de Saint-Sernin feraient bâtir une église dans Villeneuve, ce qu'ils firent. »

Chapitre V.

Des principaux bienfaiteurs du Monastère de Sainte-Livrade.

Revenant sur ses pas sous prétexte de glorifier les bienfaiteurs de son prieuré, dom Dumas reparle immodérément des chanoines clercs séculiers qui, en 1117, mirent des religieux bénédictins tirés de La Chaise-Dieu dans leur église, de l'évêque Hildebert qui consentit à la donation faite par ces clercs, des divers souverains pontifes qui confirmèrent cette donation, Calixte II, Eugène III, Luce III, et il rapproche de ces trois généreux papes, Innocent III. qui « expédia un bref à Aldomar, prieur de Sainte-Livrade, par lequel il lui envoyait des légats, tant pour le maintenir dans la possession de ses droits que pour lui faire restituer ce qui lui avait été ravi, et, en cas de refus, excommuniait le rebelle (c'était Arnaud-Bernard de Villemur qui avait usurpé la plus grande partie du revenu du prieuré), » et Grégoire IX qui « envoya une bulle au vénérable évêque de Tournay, son légat en France, par laquelle il lui donne commission de retirer les biens qu'il trouvera aliénés qui appartiennent au prieuré de Sainte-Livrade.[1] » Dom Dumas célèbre ensuite les concessions de Guillaume VIII (Lisez : IX), de Philippe II, roi de France, « qui obligea le sénéchal d'Agen de faire rendre au prieur de Sainte-Livrade les biens de son prieuré, c'est-à-dire la quatrième partie des revenus et des droits que ses prédécesseurs avaient dans la ville de Sainte-Livrade;[2] » de Richard, roi d'Angleterre et duc de Guyenne, qui « augmenta par ses libéralités les revenus du prieuré, ayant un jour fait appeler Jean de La Roque, premier prieur, avant de partir de Bordeaux pour le voyage d'Outre-mer, » pour lui donner « un certain droit établi sur toutes les marchandises qu'on portait au marché, ce qui donna occasion de dresser une pancarte qu'on surnomma le coutumier de Sainte-Livrade.[3] » Les anciens comtes de Toulouse, ajoute dom Dumas, ont favorisé de leur protection l'église de Sainte-Livrade. Raymond, un des principaux de cette comté,[4] n'a cédé en rien à la piété de ses prédécesseurs. Il a honoré l'église et le Monastère de Sainte-Livrade de son amitié dans deux ou trois transactions rapportées dans le cartulaire du Monastère qu'il signa

---

[1] Dom Dumas donne un extrait de cette bulle datée du trois des calendes de mai de la quinzième année du pontifical de Grégoire IV, c'est-à-dire de l'année 1242.

[2] La forme de cet acte, dit le chroniqueur, est retenue par Hugues Salvat, d'Agen, notaire royal et commun de Sainte-Livrade

[3] Dom Dumas ajoute que ce vieux coutumier en langue vulgaire se garde encore en original dans les chartes du monastère « avec une lettre de protection de ce roy qui est une marque de sa piété et de son amour euvers l'église de Sainte-Livrade et les religieux qui la desservaient. »

[4] Ce Raymond est Raymond VII, le dernier comte de Toulouse, mort à Milhau, le 27 septembre 1249.

dans l'abbaye d'Eysses avec Arnaud, évêque d'Agen,[1] en 1244. Don Dumas, que la reconnaissance n'inspire pas mieux que la colère, termine ainsi ce monotone chapitre : « Le dernier dont je veux faire mention est messire Arnaud del Garn. Il a rendu au prieuré de grands services, en luy faisant revenir tous ses biens aliénés. Cet Arnaud del Garn était homme de naissance... On voit encore dans la ville de Sainte-Livrade la Tour del Garn annoblie d'un ancien fief. Elle est possédée par Messieurs les pénitens blancs de Sainte-Livrade, dans laquelle leur cloche est placée. Ce noble Arnaud del Garn est qualifié du titre de bienfaiteur par un célèbre abbé de La Chèze-Dieu, nommé Albert (1279)... Cet abbé de La Chèze-Dieu, en parlant de ce noble chevalier del Garn, dit ces paroles qui prouvent assez que ce gentilhomme était un cher ami du monastère et un génie extraordinaire : *Verba quæ satis probant quam esset vir iste nobilis monasterio; hic genius tutelaris.*

Chapitre VI.

Des personnes illustres qui sont du Monastère de Sainte-Livrade.

Ces personnes illustres se réduisent à une seule, comme nous allons le voir, mais dom Dumas se console le plus philosophiquement du monde de n'avoir pu mettre la réalité mieux d'accord avec les promesses du titre : « Je me persuade facilement, dit-il, que le monastère de Sainte-Livrade n'a pas été dépourvu des grands personnages qui le pouvaient rendre recommandable, mais comme les monuments et la mémoire de ces illustres personnes nous a été enlevé par la continuité des temps, je n'en puis produire qu'un qui est un témoin de la piété de ses premiers religieux... Dom Dumas ne pouvait manquer de s'étendre avec une complaisance excessive sur cet unique représentant de la vieille gloire du prieuré. « On a veu, dit-il, un Bernard del Garn, natif de Sainte-Livrade, fils d'Arnaud del Garn, un des principaux bienfaiteurs du monastère, *de cœnobio bene meritus.* Cet Arnaud épousa une sœur de Bertrand de Gouth, archevêque de Bordeaux, originaire de Villandrau,[2] dans le diocèse de Bazas, puis pape sous

---

[1] Arnaud de Galard, dont il a été déjà question dans le chapitre III.

[2] Clément V n'est pas né à Villandraut même, mais tout près de Villandraut, à Uzeste, petit bourg où il fonda une collégiale et où il voulut être enterré.

le nom de Clément V. De cet illustre mariage naquit Bernard del Garn ou de Garvo, ainsi nommé par Ciaconius, historien des papes et des cardinaux.[1] Une tradition constante, appuyée d'un ancien manuscrit de La Chèze-Dieu, nous assure qu'il avait professé la règle de Saint-Benoît dans le monastère de Sainte-Livrade, *monachum voverat*. Un peu plus bas, je lis : *Monachum induerat et vota voverat;* et pour témoigner sa reconnaissance à cette maison, sans doute qu'il lui fit de grands biens : *Memor sine dubio ei multa bona contulit*.

« Alphonse Ciaconius, espagnol, religieux de l'ordre de Saint-Dominique, le nomme Bernard de Garvo, cardinal de Sainte-Livrade, *Bernardus de Garvo de Sancta Liberata diœcesis Aginnensis, Vasco, Gallus, papæ consobrinæ filius, diaconus cardinalis Sancti Eustachii, postea presbyter tituli Sancti Clementis à Johanne vigesimo secundo.*

« M. François Duchesne, historiographe de France, dans son premier tome de l'*Histoire des Cardinaux français*, où il a fait graver le véritable portrait de ce cardinal, que j'ay veu,[2] nous assure que ce Bernard de Garvo est le même que Bernard del Garn, surnommé le cardinal de Sainte-Livrade, gascon d'origine, proche d'Agen, qui était neveu du pape Clément V. Ce souverain pontife lui fit présent d'une prébende et d'un canonicat vacans par la mort d'un nommé Raoul de Harcour, archidiacre de Cotentin, en l'église de Coutances. Son oncle lui donna la permission, disons mieux, le dispensa de pouvoir tenir en conscience ces deux bénéfices, savoir le canonicat et l'archidiaconé, quoique cardinal.

« Une chronique de l'abbaye de La Chèze-Dieu nous apprend que ce Bernard del Garn, de Sainte-Livrade, fut doyen de ce

---

[1] *Vitæ et res gestæ pontificum romanorum et cardinalium*, etc. L'auteur du *Manuel du Libraire* dit que la première édition est de Rome, 1630, 2 vol. in-f°. Le savant bibliographe oublie que l'ouvrage fut d'abord publié par le neveu d'Alfonse Ciaconius) en 1601 et 1602, 2 volumes in-f°. L'édition, du reste, est très-mauvaise. Une autre parut en 1677, Rome, 4 vol. in-f°, et plusieurs érudits distingués y donnèrent leurs soins.

[2] *L'histoire des cardinaux français* (2 vol. in-f°, 1660-1662) est, en grande partie, l'œuvre d'André Duchesne, celui qui a reçu le glorieux surnom de *Père de l'Histoire de France*. François Duchesne ne fut guère que l'éditeur des ouvrages manuscrits laissés par son père.

chapitre abbatial avant d'être promu au cardinalat : Bernardus del Garn de Sancta Liberata, diœcesis Aginnensis, Vasco, Gallus, papæ sororis filius, vir vitæ venerabilis erat, et tam carnis quam mentis nobilitate clarissimus, communi que totius sanctæ fraternitatis electione decanus promotus idus maii a domino Vuidone abbate Casæ Dei vocatus est, et incæpit decanare anno domini millesimo ducentisimo nonagesimo.[1]

« On peut dire de la petite ville de Sainte-Livrade qu'elle n'est point la dernière entre les villes d'Aquitaine, puisqu'elle a produit cet éminent personnage qui a paru comme un astre lumineux et qui a été l'ornement de son siècle et de sa cité...

O magnum seculi decus, et civitatis,
O clarum sidus mundo divinitus ortum,
Dives opum Galvus, formæ, bonitatis et artis
Ditior, hoc que magis, dives honoris erat.

« Finissons ce petit éloge, et disons sans crainte de nous tromper que la ville de Sainte-Livrade est la patrie du cardinal qui en porte le nom... C'est ce que j'ay fait voir dans la vie que j'ay composé en particulier de celui-cy.[2] »

Chapitre VII.

Première Partie.

Catalogue des Prieurs titulaires réguliers du Monastère de Sainte-Livrade.

Dom Dumas déclare tout d'abord, avec des doléances infinies, que l'on ignore le nom des prieurs qui ont gouverné le monastère de Sainte-Livrade, depuis 1117 jusqu'en 1200.

---

[1] Dom Dumas cite encore, d'après Duchesne qui l'a rapporté dans les preuves de son *Histoire des Cardinaux*, un long extrait du livre du R.-P. Guesnay, jésuite, intitulé : *Sanctus Johannes Cassianus illustratus* (Lyon, 1652, in-4°). On y voit que B. del Garn mourut à Avignon, sous le pontificat de Jean XXII, et qu'il fut enseveli dans le couvent des Franciscains. Le *Dictionnaire de Moréri* (au mot *Cardinal*, page 202 du tome III de l'édition de 1759), met sa mort en 1328.

[2] On se demande avec effroi comment Dom Dumas a pu faire pour écrire tout un livre sur un personnage dont on ne sait presque rien. Quelles amplifications le bon religieux avait dû accumuler pour être parvenu à composer cette illusoire biographie, si digne d'avoir pour épigraphe : *Aut inania verba !*

Voici son catalogue débarrassé de mille superfluités :

Le premier prieur connu est *Jean de La Roque*, en l'an 1200. Je n'ai pu savoir s'il régnait longtemps auparavant. Le titre original des coutumes de Sainte-Livrade le nomme dans son parchemin. L'éloge de ce digne prieur marque bien que c'était une personne fort considérable, puisqu'il est dit de lui qu'il était homme de probité et d'autorité, *vir maximæ probitatis et authoritatis.* Sa vertu, sa piété et sa probité lui attirèrent le cœur de Richard, roi d'Angleterre et souverain de Sainte-Livrade, qui lui donna plusieurs preuves de sa bienveillance et de sa protection, témoin le titre des coutumes de la ville qu'il lui confia. Ce coutumier donnait plusieurs droits et priviléges aux prieurs. Quelques-uns, parmi tant, leur sont restés, comme d'avoir la queue des saumons qui sont vendus en pièces à la place. On ne sait point le temps de sa mort. ni le lieu où son corps a été ensépulturé.

Aldomar, 2e prieur, homme vénérable, gouverna le prieuré avec beaucoup de prudence et de sagesse. Il eut de grandes prises avec les autres conseigneurs de la ville qui voulaient lui faire perdre des droits seigneuriaux. Il fut obligé d'avoir recours aux Souverains Pontifes, Innocent III et Grégoire IX. Il vivait l'an 1229 et eut pour successeur :

Blanque. Son gouvernement agité de mille traverses fut extrêmement profitable au monastère, et il est à croire que Dieu qui récompense avec usure dès cette vie les travaux et les contradiction qu'on souffre pour son amour et pour la religion, voulut faire voir dans sa personne que ceux qui cherchent le Ciel préférablement à tout ce qu'il y a de créé, ne manquent pas, pour me servir des termes de l'Ecriture, d'avoir abondamment de la rosée du Ciel et de la graisse de la terre, car il eut à essuyer plusieurs persécutions aussi bien que son prédécesseur, parce que l'évêque d'Agen, et son chapitre disaient que son prieuré était de leur manse. Il vivait l'an 1242.

Arnaud de Gailhac lui succéda. Il était aussi religieux que ses prédécesseurs. Il fit de belles transactions avec les conseigneurs de la ville, se maintint dans ses droits et augmenta le domaine du prieuré. Mais ce qui rend ce prieur plus recommandable, ce sont les vexations qu'il souffrit de la part de la ville, laquelle selon son naturel fier et ingrat, en oubliant les bienfaits qu'elle a reçu tant de ce prieur que du monastère en divers temps, bien loin de lui en témoigner sa reconnaissance, n'a pour ainsi dire laissé perdre aucune occasion non-seulement de se soustraire à la juridiction que le monastère a sur la ville, mais encore de persécuter les religieux, comme nous pourrions faire voir en plusieurs occasions, s'il était nécessaire. Il vivait l'an 1252.

Azémar de l'Estrange était religieux de la communauté de Sainte-Livrade avant d'être élu prieur. Il tint le siége fort peu de temps, pendant lequel il transigea avec Guillaume,[1] évêque d'Agen, touchant la dîme de toutes les églises dépendantes du prieuré le mieux qu'il lui fut possible. L'année de sa mort nous est inconnue.

Guillaume de Transmont succéda à Azémar. C'était une personne considérable par ses mérites et ses rares vertus, puisque son éloge porte ces paroles : *fuit vir vitse venerabilis.* De son temps il y eut dans la ville de Sainte-Livrade une grande contestation touchant les bornes et les limites de la juridiction de Sainte-Livrade entre le prieur et Raymond, baron de Pujol. Pour la terminer on tint une assemblée à Sainte-Livrade où se trouvèrent plusieurs personnes de qualité de la province pour assister à cet arbitrage, lequel fut conclu si heureusement pour les parties, qu'il subsiste encore aujourd'huy de la même façon qu'il fut arrêté. Les religieux lui donnèrent pour successeur :

Falco de Montgasco. On a très-peu de connaissance des actions de sa vie. Il vivait l'an 1269.

Ayméric Flamène fut mis à la place du défunt par les religieux de la Chèze-Dieu. Armand, abbé de la Chèze-Dieu, députa Raymond Flamène, prieur de Montauban, pour pacifier quelque différend qui était entre ledit Aymeric de Flamène, et un nommé Pons Amanieu de Madaillan touchant quelques droits seigneuriaux que ledit Pons voulait usurper sur le prieuré. Il mania si adroitement toute cette affaire, qu'il laissa l'une et l'autre partie en bonne union et intelligence. Aymeric eut pour successeur :

Gérard, moine de l'abbaye de la Chèze-Dieu. Il dressa des statuts pour maintenir le bon ordre et la discipline dans le prieuré. Il passa une transaction avec Arnaud del Garn, père de Bernard

[1] Guillaume II qui siégea de 1248 à 1263.

del Garn, le cardinal de Sainte-Livrade. Dans cet acte il fut convenu que tous les revenus seraient donnés audit Arnaud pendant quatre années, la somme nécessaire pour la nourriture et pour le vestiaire des religieux étant préalablement mise à part, Arnaud, en retour, s'obligeant par un serment solennel qu'il prêta sur les saints Évangiles à retirer tout le bien aliéné du monastère, et à le distribuer en aumônes aux pauvres. Cette transaction fut approuvée de l'abbé de la Chèze-Dieu, l'an 1279 et ratifiée en 1281.

Jean Dayts gouverna le prieuré après la mort de Gérard, comme il paraît par la date d'une charte qui fait mention de lui l'an 1288. Il fit paraître beaucoup de sagesse et de prudence dans l'administration de sa charge. On remarque surtout qu'il se montra courageux pour conserver le bien de son monastère, à l'égard de noble Pons Amanieu de Madaillan, seigneur de Cancon, qui voulait s'approprier entièrement la dîme de cinq parroisses voisines dudit Cancon. Des arbitres décidèrent que ledit Pons, pour un bien de paix, prendrait sur ces cinq parroisses une certaine portion réglée jusqu'à la fin de la quatrième génération, et qu'après tout retournerait au prieur de Sainte-Livrade comme au véritable maître et légitime possesseur.

Guillaume Calciata se trouve dans le carticulaire en qualité de prieur de Sainte-Livrade. On n'a point les actes de sa vie.[1] Il mourut en août, l'an 1300 et eut pour successeur :

Guillaume de Cardaillac, sorti de l'illustre maison des Cardailhacs.[2] Il eut de grandes contestes avec tous les habitants de la ville de Sainte-Livrade, pour raison de quelques droits que le prieur devait prendre sur les marchandises et denrées qu'on portait

---

[1] Dom Dumas ne pouvant offrir ici à ses lecteurs une substantielle petite biographie, cherche à les dédommager en déroulant devant eux quelques considérations générales. Si ces considérations étaient plus intéressantes, cela ferait songer à l'ingénieuse femme de Scarron remplaçant par ses récits le plat qu'elle ne pouvait servir à ses convives. Je sais bien qu'un excellent critique, M. Avenel, a nié, dans le *Journal des Savants* d'août 1860, l'authenticité du joli mot : *Madame, encore une histoire, le rôti nous manque aujourd'hui* ; mais si l'anecdote est fausse, elle est trop bien trouvée pour ne point survivre aux observations les plus judicieuses.

[2] Voir la *Généalogie de la maison de Cardaillac, justifiée par chartes, titres, histoires et autres bonnes preuves*, Paris, 1654, 1 vol in-4°. Le livre a été publié par le marquis Henri-Victor de Cardaillac.

aux marchés de la ville, lesquels ils voulaient lui faire perdre. Il se défendit par la voie de la justice, et obligea les habitants à transiger avec lui, et lui accorder ce qu'on lui déniait, si non le tout, au moins la plus grande partie. On voit par certains vieux Mémoires que, pendant la vie de ce prieur, les religieux vivaient dans une grande régularité. Lui succéda :

Guillaume Grand. Il fut aimé de tout le monde pour ses rares vertus et mérita qu'un de ses panégyristes nous laissât l'abrége de sa vie en quatre mots :

Nomine grandis erat, grandis honore fuit.

Il paraît qu'il fut doué d'une grande prudence dans les affaires. C'est à luy que l'on doit attribuer la conservation du prieuré de Villebramar, lequel sans doute se fût aussi bien perdu que plusieurs autres bénéfices. Un vieux titre, tiré de la Chèze-Dieu, que j'ay lu, m'assure que Albert, abbé de cette abbaye, fit un règlement avec ce prieur touchant le nombre des moines du prieuré de Sainte-Livrade qu'ils limitèrent à douze. Ledit prieur consentit à payer annuellement et par avance en deux termes égaux, au sous-prieur, la somme de 400 livres, et chacun des autres religieux du prieuré la somme de 300 livres.[1] C'est tout ce que je trouve de mémorable touchant ce prieur qui vivait l'an 1360. Son successeur fut :

Jean Galeti. Les religieux trouvèrent en sa personne un père qui les gouverna avec bonté et humilité. Ses jours s'étant trouvés pleins de bonnes œuvres, il quitta ce monde pour faire le voyage de l'éternité.[2] Il vivait l'an 1371. Le chapitre de la Chèze-Dieu élut pour son successeur :

Léonard ou *Leocendus.* On ne sait autre chose de luy que son nom.[3] Celui qui lui succéda fut nommé :

---

[1] Les douze pensions monacales montaient à 3,700 livres (note mise, par Dom Dumas à la marge de son manuscrit.) Une autre note nous apprend que cet ancien traité fut renouvelé l'an 1640, c'est-à-dire neuf ans avant la réforme introduite par les religieux de la congrégation de Saint-Maur.

[2] Dom Dumas croit devoir ajouter : *et y rester pour jamais.*

[3] Ce fut sans doute pendant que Léonard ou Leocendus était à la tête du prieuré, que l'archevêque de Bordeaux, Bertrand du Got, venant de l'abbaye de Clairac, visita ledit prieuré, le 1er juin 1304, comme l'atteste un précieux document retrouvé par M. Rabanis dans les Archives départementales de la Gironde et publié par lui à

Bernard Brignolle. Son administration est remarquable par les soins continuels qu'il se donna pour amplifier les revenus du prieuré, donnant à nouveau fief plusieurs terres incultes et vacantes et de nul revenu. Le temps de son gouvernement fut limité à quelques trente-huit années environ lesquelles il passa dans l'exercice de la piété avec ses religieux, et ensuite mourut de la mort des justes l'an 1452.[1]

Frotard de Gontault fut son successeur.[2] Quelque temps après son élévation, un nommé Guy de Montpezat qui était conseigneur avec luy dans la ville de Sainte-Livrade voulut s'emparer de tous

---

la suite de sa remarquable étude : *Clément V et Philippe-le Bel* (1858, in-8°). Je n'ai pas besoin de rappeler, je suppose, que c'est surtout en s'appuyant sur ce procès-verbal de la visite de la province ecclésiastique de Bordeaux, que M. Rabanis a montré l'impossibilité matérielle de la trop fameuse entrevue du roi de France et du futur successeur de Boniface VIII. Déjà les auteurs du *Gallia christiana* avaient mentionné la visite de Bertrand du Got au prieuré de Sainte-Livrade (tome II, colonne 830.)

[1] On a pu s'étonner de voir le chroniqueur du prieuré de Sainte-Livrade passer sous silence un événement aussi important que la visite qu'y fit Bertrand du Got quelques mois avant le jour où il ceignit la tiare, mais on s'étonnera bien davantage de voir ce chroniqueur prodiguer les éloges à un personnage aussi peu édifiant que Bernard Brignolle. M. l'abbé Barrère (*Histoire du diocèse d'Agen,* tome II, p. 139, à l'année 1467), citant une relation manuscrite qui est conservée aux Archives de l'évêché, raconte que le prieuré était alors occupé par un religieux, Pierre de Brignols (c'est évidemment sous d'autres noms le même individu que Bernard), dont les scandales troublèrent la ville et retentirent dans tout le pays. Ce religieux aurait, pendant plus de vingt ans, porté aux offices et aux processions un vêtement féminin (une jupe blanche); il se serait abandonné, avec une impiété révoltante ; aux plus coupables excès tels que la magie, les sortiléges, le parjure, le sacrilége. On le condamna à quitter le prieuré.

[2] M. l'abbé Barrère *(Ibidem),* assure que Pierre de Brignols avait résigné son office en cour de Rome, en faveur d'un autre religieux nommé Frotard de Gontaud, fils du seigneur de Cabrerets, au diocèse de Cahors, que l'entremetteur de cette renonciation fut noble Jean de Cours, filleul de Pierre de Brignols, qu'il s'acquitta si bien de sa charge, que le seigneur de Cabrerets lui donna sa fille Marguerite en mariage avec tous les biens qu'il possédait dans la juridiction de Sainte-Livrade. « Frotard de Gontaud, ajoute l'historien du diocèse d'Agen, exerçait la profession des armes et était appelé l'abbé séculier. Entre Brignolle ou Brignols et Frotard de Gontauld, il manquerait un nom, si j'en crois les papiers de famille de Mme la comtesse Marie de Raymond où je trouve qu'en l'année 1460, *François de Montpezat,* prieur de Sainte-Livrade, « bailla à nouvel arrentement quarante concades de terre. »

les biens dépendants du prieuré. Pour remédier à ce désordre, il y eut plusieurs conférences pour accomoder cette affaire, mais le désir que Gontault avait de conserver la moitié de sa seigneurie, le rendit insensible à un accomodement, il employa l'autorité de la justice qui obligea cet injuste usurpateur de rendre au prieur ce qui ne lui appartenait pas, ce qu'il fit à condition néantmoins que tous les biens et revenus de la juridiction de Sainte-Livrade, quoique appartenants au prieuré de plein droit, seraient en commun et par indivis entre le prieur et le seigneur de Montpezat. Il mérita les regrets de tous ses religieux qui lui rendirent les derniers devoirs vers l'an 1484 et luy donnèrent pour successeur :

Olivier de Gontault. Son zèle pour le service de Dieu et de la religion était incomparable. Il fit faire toutes les peintures qu'on voit à demy effacées dans la chapelle de Notre-Dame. Il laissa encore plusieurs marques de sa libéralité. Le prieuré étant en mauvais état à l'égard des batiments, il le fit réparer. On luy attribue toutes les fenêtres et les grands degrès de pierre de cette maison prieurale. Il y a lieu de croire qu'il n'eut pas moins de soin de l'édifice spirituel que du matériel. Il vivait l'an 1504.

Louis Balben. Sa vertu le rendit vénérable à toutes les personnes de piété de son temps.

Robert de Gontault.[1] Je parle avec doute de ce prieur s'il a été régulier ou commendataire. C'était une personne d'un mérite et d'une naissance illustre, *vir erat ineffabilis nobilitatis in cathedra honoris.* Il était parent de feu M. le mareschal de Biron, mais ce prieur de grande maison fut cause de la ruine de la régularité, aussi prit-elle fin avec luy pour les prieurs réguliers. Pendant l'administration de ce prieur, le monastère fut brûlé par les hérétiques calvinistes. Après la mort de ce prieur, le prieuré demeura quelque temps vacant, et fut gouverné par économat jusqu'à ce qu'il tomba entre les mains de messieurs de Noailles. C'est

---

[1] Robert de Gontault succéda sur le siége épiscopal de Condom, en 1564, à Charles de Pisseleu, le frère de la duchesse d'Etampes. Il mourut le 25 août 1569, peu de temps après que le comte de Mongonméry eut saccagé la belle cathédrale de Condom. Je publierai bientôt une lettre d'Isabelle de Beauville, seconde femme de Blaise de Monluc, à Robert de Gontault, prieur de Sainte-Livrade, relative au château d'Estillac (30 avril 1563), et une lettre de Fabien de Monluc, fils de Blaise, au même personnage, pour le féliciter de sa nomination d'évêque (10 décembre 1564).

tout ce que j'ay peu tirer des mémoires qui m'ont été fournis touchant les prieurs réguliers.

Seconde Partie.

Des prieurs commandataires de Sainte-Livrade.

Après la mort du prieur Robert de Gontault, les religieux ne pouvant s'accorder à l'élection d'un prieur de leur corps donnèrent entrée aux prieurs commandataires. Le prieuré demeura vacant quelque temps sans qu'ils se missent en peine de créer un pasteur pour les gouverner. Peut-être que le privilége qu'ils avaient de jouir des fruits du prieuré pendant sa vacance les éblouissait, et les empêchait de penser sérieusement à l'élection d'un prieur. Pendant cet intervalle, un de la maison de Noailles se pourveut en cour de Rome, et fit si bien qu'il obtint le prieuré en titre de commende.[1] Jusqu'icy nous n'avons point vu que les prieurs cus-

[1] Le P. Anselme (tome IV), nous apprend que Charles de Noailles, dit le beau Noailles, né le 5 décembre 1560, fils d'Antoine de Noailles, qui fut lieutenant du roi en Guienne, gouverneur et maire de Bordeaux, capitaine du château du Hâ, etc., et de Jeanne de Gontaut, fut destiné d'abord à l'état ecclésiastique et qu'il fut prieur de Sainte-Livrade, mais qu'ensuite il devint (7 décembre 1581) gentilhomme ordinaire de la chambre du roi, capitaine de cent chevau-légers (2 avril 1585), et mourut peu de temps après sans avoir été marié. Dans les papiers de la famille de Raymond (*Journal* de Jean de Raymond, conseiller au présidial d'Agen, et frère de Florimond de Raymond), il est question de rentes vendues, le 5 février 1585, à feu M. de Noailles, prieur de Sainte-Livrade. A la Bibliothèque du Louvre (Collection Noailles, 1re série, tome I, page 383), j'ai trouvé une lettre adressée, le 1er juillet 1589, par l'abbé Dubois, vicaire de Sainte Livrade, à Henry de Noailles, le frère aîné du prieur. En voici quelques extraits : « Monseigneur, je vous ay vouleu advertir de ce qui s'est passé n'a pas lon tamps. Depuis que le nepveu de messire Jéhan Bissière est parti de Sainte-Livrade, il y eust personages qui se soulevarent pour se déclarer de la Ligue, et de faist, se sasirent du chatteau. Les consuls fermèrent les pourtes de la ville et assemblarent les Messieurs de la Jurade, là où je me trouvay et les fis rementavoir le prepous que vostre seigneurie leur dist devant que de partir de se compourter en paix les ungs et les autres et de garder la ville pour le service du Roy en gardant les droits de leur seigneur, et que, en faisant cela, aucun mal ne leur pourroit advenir, et qu'en faisant aultrement, et se déclarant de la Ligue, il leur seroit coureu dessus de Clairac, de Castelmoron, de Villeneuve et de Pujols. » L'abbé Dubois ajoute que tous les principaux habitants sont sortis de la ville, entre autres M. de Boissonade, qu'on s'est retiré à Villeneuve, qu'un prédicateur, à

sent besoin d'aller à Rome pour obtenir des bulles. Ledit Noailles, dont on ignore le nom, fut maintenu dans son usurpation et en jouit longtemps. Il n'y a rien dont les grands ne viennent facilement à bout. La vie de ce prieur n'est autrement remarquable qu'en ce qu'au lieu de retirer ce qu'il était aliéné, il vendit des terres nobles, et ce qui valait beaucoup fut donné pour un morceau de pain, s'il faut ainsi parler. Il fut tué du temps de la guerre des Croquants. Mézeray parle de ces Croquants au tome IV, page 121, de l'*Abrégé de son histoire de France.*[1]

Jean Delfraisse prit le gouvernement du prieuré environ l'an 1590 et vécut dans cette dignité l'espace de trois ou quatre ans.

Gerard de Monteil. Il est fait mention de luy dans un acte qu'il fit de quelques rentes de son prieuré pour 220 escus 32 sols 6 deniers à M. Du Bernet, Conseiller au Parlement de Bourdeaux, pour sa part de 1400 escus et demy taxés sur le diocèse d'Agen, pour remboursement des offices de contrerolleurs et receveurs des décimes. Ce prieur vivait l'an 1598.

André de Léberon, évêque de Valence en Daufiné. Je n'ay rien trouvé de son gouvernement. Il mourut dans la maison prieuriale, et fut enseveli au pied du grand autel l'an 1622, le 18 du mois de septembre.[2] Son frère fut son successeur au mesme évêché et prieuré.[3]

Charles de Léberon. A son entrée dans le prieuré, il était encore dans un état aisé. On n'y pratiquait la règle de saint Benoit que superficiellement. Il y avait un petit nombre de religieux anciens et peu de revenu pour leur subsistance. Ce prieur commendataire, soit par avarice ou par une aversion qu'il avait pour l'ordre monastique; se voulut donner entièrement, mais il travailla en vain, car que

---

Agen, a excommunié M. de Blasimont, « lequel s'est sourti de la ville comme les aultres. » Le correspondant du comte de Noailles termine ainsi sa lettre : « Ne vous dirè aultre chose que comme M. de Monluc entandit la division de Sainte-Livrade et de Villeneuve, se vint présenter là, mais l'on ne le voulsirent permettre d'entrer... »

[1] Voir sur la révolte des Croquants d'excellentes pages de M. Poirson dans le tome I de son *Histoire du règne de Henri IV*, 3me édition, pages 591-610. M. Poirson cite, outre Mezeray, d'Aubigné, Palma Cayet, L'Estoile, de Thou, etc.

[2] M. Jules Marion met la mort d'André de Léberon en 1621 (*Annuaire* déjà cité.) M. l'abbé Chevalier (*Notice sur les évêques de Valence*), dit aussi (p. 14), que ce prélat décéda en 1621.

[3] Non par son frère, mais son neveu, suivant l'abbé Chevalier.

peut la créature contre Dieu ! Les religieux n'y sont pas plutôt arrivés qu'ils sont chassés par le même qui devait les protéger.[1] Les anciens moines sont mis en fuite par ce persécuteur par le retranchement de leurs pensions. Il leur substitue quelques chapelains des derniers du clergé pour faire l'office divin. Les nouveaux réformés portèrent leurs justes plaintes au roy. Ce monarque fit paraître sa piété naturelle et sa justice ordinaire en leur accordant ce qu'ils demandaient. Il leur fit donner un arrêt définitif au grand Conseil par lequel tant messieurs les religieux que les pères de la congrégation de Saint-Maur furent remis, et les prêtres séculiers que ledit prieur y avait mis pour y célébrer le divin service démis et déboutés de toutes leurs prétentions. De plus, ledit seigneur fut condamné à donner auxdits religieux le tiers de tout le revenu du prieuré. Ainsi la réforme établie par les derniers, étant comme arrosée de leurs larmes, refleurit, se fortifia et porta une abondance de fruits tels qu'on les voit aujourd'huy. Ce prieur ayant tenu le siége prieurial pendant trente-deux ans environ, fit le voyage de l'autre monde au 4e jour de sa maladie, sans avoir peu conserver aucun bénéfice pour aucun de ces parens de plusieurs qu'il en tenait.[2] Sa mort arriva l'an 1454, le 4 du mois de juin.[3]

---

[1] Dom Dumas renforce encore sa protestation contre les procédés de Charles de Léberon, en disant en marge : *Non tam tutor, quam exturbator.*

[2] Parmi ces bénéfices, j'indiquerai les grosses abbayes de Bonne-Combe et de Notre-Dame-de-Flaran.

[3] L'abbé Chevalier assure (p. 14) que ce fut le 5 juin, à Mesnil, près de Saint-Germain-en-Laye, et il a raison, car je lis à la page 160 du volume 12,029 du fonds français cet extrait fait par Gaignières d'un recueil périodique (le *Mercure* ou la *Gazette*) : « Le 5 du courant (juin 1654), messire Charles Jacques de Gelas de Leberon, évêque et comte de Valence et Die, qui estoit parti d'ici quelques jours auparavant pour ses diocèses, s'estant arresté au Mesnil, près Saint-Germain-en-Laye, pour y prendre l'air, y mourut en sa 62e année d'une fièvre continue, accompagnée d'inflammation de poulmon. Ce prélat, le quatrième de sa maison qui a succédé à ces deux éveschés unis, ayant témoigné de très-grands sentiments de piété et d'humilité chrestienne, etc. » Deux ans auparavant, Charles de Léberon avait fait publier la seconde édition de l'histoire des évêques de Valence par le jésuite Columbi : *Libri quatuor de rebus gestis Valentinorum et Diensium episcoporum.* Lyon, in-4°, 1652. La première édition avait paru en 1638 (Lyon, in-4°). Charles de Léberon ne pouvait que protéger et favoriser un ouvrage où se trouvait l'apologie de Jean de Monluc (livre IV), abrégé d'une apologie spéciale publiée par Columbi en 1640, d'abord, et puis en 1651. Voir mes *Notes et documents inédits pour servir à la biographie de Jean de Monluc, 1868*, p. 18, 25, etc.

Odouard Le Féron, clerc de Paris, fut mis en possession du prieuré le 2 du mois d'octobre de l'année 1655. Quelques mémoires particuliers qui m'ont été envoyés par le R. P. dom Paul Maupel, prieur de l'abbaye d'Eysses de Villeneuve d'Agenois, fort versé dans la connaissance des belles-lettres, homme docte et curieux particulièrement des antiquités de l'histoire, qui n'a d'autre passion que celle d'obliger ceux qui travaillent pour la postérité, portent que ce prieur donna la chasse, en vertu de son indult, à son compétiteur, quoique bien pourvu. C'est tout ce que nous savons de luy, et qu'il eut pour successeur :

Ethienne-Claude de La Borie. — On n'a rien laissé à la postérité du gouvernement et des actions de ce commendataire qui prit possession le 30 novembre 1672 et ne vécut que six ans en cette qualité.

Jacques-Paul de La Borie, son frère, luy succéda le 27 juillet 1678. Voicy un homme qui est d'un bon caractère! Mon Dieu! qu'il ressemble bien aux anciens premiers prieurs réguliers! Voicy un homme dont la vie pourrait servir d'exemple! Voicy enfin un homme qui semble n'avoir été fait que pour faire du bien aux autres. Il a laissé partout des marques de sa libéralité et de sa magnificence. Sa mémoire est en bénédiction dans ce Monastère. J'ose dire qu'il a mérité par ses largesses d'être mis au rang de ses principaux bienfaiteurs. Il naquit à Paris. Dès sa jeunesse, il s'adonna à la piété, s'appliqua à l'étude des choses saintes, et acquit une grande connaissance des belles-lettres qui luy méritèrent la qualité de docteur de Sorbonne. C'est à son zèle que l'église du prieuré est redevable du chœur. Il trouva encore dans son épargne un fond suffisant pour faire plusieurs autres dons à ce sanctuaire. Il l'enrichit d'un grand nombre d'argenterie, et le meubla de deux ornements riches, précieux et complets, afin que le service divin y fut célébré avec plus de majesté et d'éclat. Il luy fit aussi présent de différentes chasubles et de toutes ses aubes fines ornées de riches dentelles. Il faudrait employer un grand temps si nous voulions icy coucher toutes les libéralités de ce très-digne prieur. Il a laissé aussi sept mille livres au monastère et tous ses livres et papiers. Le nécrologe de cette église marque le jour de son décès au 12e d'octobre de l'an 1709. On dit tous les jours une messe basse pour le repos de son âme et cinq anniversaires par an. Il fut enterré, suivant sa demande, dans le cloître de la célèbre abbaye de Saint-Germain-des-Prés et donna huict cens livres à ce chapitre abbatial pour le droit de sépulture. Ses cendres y reposent, attendant la résurrection universelle.

M. l'abbé *de Rouillé*, chanoine de N.-D. de Paris, jouit à présent du prieuré en vertu d'un indult. Je ne prétends point dresser un éloge accompli de ce prieur. Cette entreprise s'rait sans doute téméraire et hors de saison. Ce n'est pas mon dessein de toucher à ces riches sources. Je veux suivre l'avis du sage de ne louer personne avant sa mort, *ne laudes hominem in vita sua*.[1]

Chapitre VIII.

Des divers événements arrivés au Monastère de Sainte-Livrade.

« Nous avons, dit dom Dumas, fort peu de connaissance des divers événemens de ce monastère. » Il en a si peu de connaissance, en effet, qu'il n'a rempli ce chapitre que de vagues généralités sur les ravages des Huguenots. Comme on ne peut rien tirer du néant, je n'ai rien à extraire d'un tel chapitre.

Chapitre IX.

De l'Église de Sainte - Livrade.

Ce chapitre n'est pas moins vide que le précédent, et je le comparerais volontiers à une toile qui serait encadrée sans être peinte. Pourtant combien il aurait été facile de rendre ces pages intéressantes, rien qu'en y décrivant, en son ensemble comme en ses détails, la belle église de Sainte-Livrade !

Chapitre X.

Des tombeaux de l'Église de Sainte-Livrade.

Encore un chapitre fictif ! Dom Dumas ne parle que d'un seul tombeau, celui d'André de Léberon, et c'est pour dire que ce tom-

---

[1] En 1789, Dom Louis Dominique Bonnefoy était prieur du Monastère des Bénédictins de Sainte-Livrade (*Inventaire des Archives départementales de Lot-et Garonne*, par M. Bosvieux, page 77). Dans un des cartons des papiers de l'Intendance, conservés aux Archives du département de la Gironde (C. 633-639), existe une correspondance des années 1743, 1744 et 1746, relative à la distribution de 120 sacs de blé que le prieur de Sainte-Livrade était d'usage de faire remettre aux Consuls de la ville pour distribuer aux pauvres des dépendances du prieuré.

beau n'existe plus : « Son corps fut mis dans un cercueil de plomb et déposé dans un petit caveau de briques qui ressent bien la modestie et la pauvreté de son temps. L'endroit où reposent ses cendres est dessous les trois degrés de pierre du balustre du grand autel par lesquels on monte au sanctuaire. On ne voit à présent aucun vestige de ce tombeau. On n'y lit nul épitaphe ni inscription à sa mémoire. On n'y voit aucune représentation de sa personne, ni ses armes en pas un endroit. Il n'est fait à présent pas plus de mention de lui que s'il n'y eût jamais été ensépulturé. »

Chapitre XI.

Des reliques des Saints de l'Église de Sainte-Livrade.

Dom Dumas, au milieu des plus insignifiantes réflexions, signale la présence dans l'église du prieuré, des reliques de Saint-Eutrope, évêque et martyr, de saint Antoine, abbé,[1] et d'une partie considérable du corps de Sainte-Livrade. Jamais le *rari nantes in gurgite vasto* n'a pu être cité à meilleur droit qu'à l'occasion de ces trois indications noyées dans les flots d'une phraséologie à nulle autre pareille.

Chapitre XII.

De la translation des reliques de Sainte-Livrade dans l'Église qui porte son nom.

On a, dit dom Dumas, un récit fidèle de cette translation, composé par un religieux qui y assista et dont on a encore d'autres ouvrages sur cette fête. Ce qu'il raconte avec assez d'étendue se peut abréger ainsi : Du temps du R. P. dom Bernard Roussarie, prieur claustral de Sainte-Livrade, l'an 1666 et le 29me du mois d'août, cette solennelle translation des reliques de cette sainte fut faite de l'abbaye d'Eysses lez Villeneuve-d'Agen, où elles avaient été quelques mois en dépôt, conformément à l'ordonnance faite par Mgr Claude Joly, évêque et comte d'Agen, datée et expédiée de Monbran, le 22 juin de cette même année. D'après un acte du livre des délibérations de ce monastère, le susdit prieur ayant assemblé tous les religieux au son de la cloche en la manière

---

[1] Labenazie, (tome II, p. 251) dit que l'on gardait à Sainte-Livrade un doigt de saint Antoine, père des religieux. Tous les autres renseignements qu'il donne, s'accordent parfaitement avec les récits de Dom Dumas.

accoutumée, leur aurait représenté que ce serait une œuvre de grande piété de tâcher d'obtenir de Messieurs les religieux de l'abbaye de N.-D. de Grandselve, ordre de Cîteaux et diocèse de Toulouse, quelques reliques de la glorieuse vierge et martyre Sainte-Livrade qu'on voit, depuis plusieurs siècles, reposer et être publiquement vénérées en la dite abbaye, et que cette proposition ayant été unanimement reçue avec respect et soumission par tous les religieux, ledit prieur aurait incontinent commandé au secrétaire dudit chapitre de dresser et expédier un acte de cette délibération, ce qui fut fait en forme de requête pour être au nom desdits religieux présenté à ceux de Grandselve, qui auraient fort honnêtement et agréablement accordé auxdits religieux suppliants une portion considérable du corps de ladite sainte, à savoir une côte de deux qu'ils gardaient dans une fort belle châsse d'argent avec plusieurs autres membres du même corps saint. Le don de ce précieux trésor est authentiquement attesté par un extrait du livre des délibérations capitulaires de ladite abbaye de Grandselve, en date du 9e de juillet 1663. Mgr l'évêque d'Agen, pour rendre le jour de la translation plus célèbre, se transporta à Sainte-Livrade suivi de sa famille et de plusieurs personnes ecclésiastiques fort distinguées par leur mérite. Ce sacré dépôt étant arrivé et entré dans l'église, il y fut reçu par cet évêque revêtu de ses habits pontificaux et conduit au grand autel : Le prélat l'honora par l'encensement, et assista ensuite à la messe haute solennellement chantée par le prieur claustral, à la fin de laquelle il donna pontificalement sa bénédiction à tous les assistants. Le peuple remercia Dieu avec une joie à laquelle l'aimable prélat se rendit sensible. C'est pourquoy il ordonna qu'on célèbrerait à perpétuité une fête à pareil jour pour conserver la mémoire de cette translation, et qu'on ferait une procession solennelle, ce qui se pratique encore. Le dernier dimanche du mois d'avril a été consacré à la mémoire de cette translation. On peut voir une relation plus étendue sur des grandes feuilles de parchemin qu'on garde dans le monastère. »

Agen, Imprimerie de Prosper Noubel.

www.ingramcontent.com/pod-product-compliance
Ingram Content Group UK Ltd.
Pitfield, Milton Keynes, MK11 3LW, UK
UKHW021531260726
13993UKWH00004B/1923

9 782329 560175